내 이름은 구미

시에시선 **096**

내 이름은 구미

박구미 시집

詩와에세이

차례__

제1부

감자꽃 피는 집 · 11
봄까치꽃 · 12
고양이에게 배우다 · 14
여름 안개 · 16
골목길 · 18
교감 · 19
내 이름은 구미 · 20
닮은 여자 · 22
귀를 달래다 · 23
키 큰 나무 · 24
엄마 새 · 25
소식 · 26
여름 끝에 걸린 풍경 · 28
겨울에 핀 꽃 · 30
꽃씨의 선물 · 32
서리꽃 · 34

제2부

모란 아버지 · 37
물수제비 · 38
밥꽃 · 39
저녁 초대 · 40
그날 · 42
귀 마중 · 43
빨간 어버이날 · 44
빈집 · 45
애기똥풀 · 46
귀가 · 48
연애편지 쓰기 좋은 때 · 49
빈집 마당 · 50
놋달 · 51
동백마을 · 52
풀물 · 54
달리는 심장 · 55
다짐 · 56

제3부

별맛 · 59
꽃의 말 · 60
무기와 노래 · 61
벌레와 시인 · 62
시, 월 · 63
미스트를 뿌리다 · 64
오후 네 시 · 66
거미 시(詩) · 68
안테나를 세우다 · 70
오독 · 72
산다는 소리 · 73
카라멜이 녹고 있다 · 74
힘 빼 · 75
시작(時作) 또는 시작(詩作) · 76
습관 · 78

제4부

만덕 버스 정류장 · 81
동해안로 나정항 · 82
다대포 해안을 걸어보라 · 83
취중 진담 · 84
알밥을 먹다 · 86
전선 같은 사람 · 87
사이 · 88
그늘이 그늘을 · 89
그놈 · 90
그날 이후 · 91
가을 승객 · 92
기억의 속도 · 93
서성로 백합나무 가로수와 시인 · 94
사월, 라일락뜨락 · 96
극락에 들다 · 98
생수 · 100

해설 | 이동훈 · 101
시인의 말 · 119

제1부

감자꽃 피는 집

뒷 베란다 청소하다
감자 상자 신문지를 걷어 내자
싹 틔운 쭈글쭈글한 감자가
새끼 감자를 주렁주렁 달고 있다

바람 들고 어둑한 그늘에
겨우내 제 몸 썩혀
좁은 상자 안에 일가를 이루고 있다

그릇에 담아 물을 주었다
감자꽃이 하얗게 피겠다

봄까치꽃

양철 대문 잠긴 빈집
뒤꿈치 들고 담장 너머 보려다

발아래 간지러워 보았더니
청보랏빛 꽃 무리 재잘재잘

가장 먼저 봄소식 가져와
입에 물고 기다리고 있다고

까치까치 새봄 전하는 소리에
돌담 사이 잔 얼음 녹고
툇마루에 누워 있던 고양이 깨고
양철 기둥에 녹물은 챙챙
장독대 먼지는 날아가고
바지랑대 흔들흔들
빈집 잠든 봄 피어난다

돌아서는 길

발끝에 청보라 꽃잎 하나
귓가에 까치 노랫소리
봄소식 물고 간다

고양이에게 배우다

고양이 두 마리 몸을 기댄 채
볕을 쬐고 있다

길 가는 사람
그림자에도 꿈쩍 않는다

―나도 힘들어!

며칠째 그의 어두운 낯빛을 외면하다
아침 출근하는 등에다
비수를 날리고 말았다

살다 보면 예기치 못한 침범자처럼
그늘이 덮쳐오는 날도 있는 것을

오늘 밤엔
그의 그늘 이불 삼아

야옹!

여름 안개

아침 먹지 못한 출근길
먼 산에 안개가 앉았다

열 살 여름 이른 아침
그때도 그랬다

밥 안쳐 놓고 동트기 전
아홉 줄 콩밭 매러 간 엄마는 아직이고
아침 안개 동쪽 먼 산허리에 앉았다

밥은 다 됐는데
안개 다 그치면
아홉 줄 등에 지고
오실 텐가

꼬로록 꼬로록 밥 냄새 맡으며
안개 한 줄에 밭고랑 한 줄
걷힐 때까지 세어 가며

먼 산 한 번 쳐다보고
대문 한 번 쳐다보고
그새 눈부신 해가 떠오르고
등짐 지고 오셨다

아스라이 먼 산허리
서둘러 지은 고봉밥
하얀 김

골목길

폐지 가득 싣고
손수레 끄는 할머니
몸뻬 바지가 흘러내린다

허리께까지 추켜 올려드렸지만
스르르 다시 풀려 내려오는

올릴 수도 주저앉을 수도 없는
생이라니

자식들 다 빠져나간
헐렁한 허리

끝내 펴지 못한 채
휘청휘청 멀어진다

교감

콘크리트 틈새에
나팔 불고 있는 하얀 꽃

쪼그리고 앉아
귀를 기울이는데

길 가던 할머니
―저 꽃에 눈독 들이는 사람 참 많네

짝사랑 들켰던 그때처럼
가슴이 뚜우뚜우
천사의 나팔도 뚜뚜뚜 따따따

내 이름은 구미

아버지가 지어준
내 이름 구미

입술 근육에 힘 넣어 빠꾸미
꼬리 붙여 구미호
ㄱ 버리면 바구미
젤리 과자 마이구미

고등학교 때까지 이름표를 달고 다녔지만 내 이름의
의미를 몰랐다
 사람 몸에는 아홉 개의 구멍이 있다는 걸 알고서
 내게 구미라는 이름을 붙여준 이유를 알았다

 예의가 아닌 것은 보지 말고 아름다운 모습만 보라는
 세상의 선한 것에는 향기가 나고 악한 것에는 악취가
나는 법
 선한 것만 가까이해서 향기로운 냄새만 맡으라는
 험담하는 말은 흘리고 좋은 말만 가려들으라는

한 번 뱉은 말 주워 담지 못하니 고운 말 하라는
정의롭지 못한 것에 바른말 하라는
몸에 이로운 음식 먹으라는
사랑하는 사람과 결혼해 건강한 아이 낳으라는
욕심 비우고 가볍게 살라는

이름처럼 살라는
내 이름 구미

닮은 여자

부스스한 머리 그래도 설날인데
너무 뽀글뽀글한 거 말고 중간 걸로 말아주세요
머리 감는 동안 선명하다, 그날

—요래 살면 뭐하노…… 그래도 설인데……
—미용사요 너무 뽀글뽀글한 거 말고 중간 걸로 말아
주이소

빠마랑 밤색 물도 들이고 꽃단장하고
손거울 요리 보고 조리 보고
마음에 든다며 환하게 웃는 모습이
설빔 입고 좋아하던 여자의 어린 딸 같았던
요양병원 환자복 대신 분홍 옷 입는 걸 좋아한
여전히 여자였던

거울에 비친 그 여자 딸도
나이 들어 주름이 늘고
닮아가고 있다

귀를 달래다

산수유꽃이 환한 공원을 돌고 도는데
귀가 막혀서 먹먹하더니
뿌지직거리는 소리가 나
눈썹 치켜뜨게 하는데

까만 구멍 속으로 꿈에서라도 듣고 싶은 소리 귀담아 듣지 못한 소리 흘러보냈어야 할 소리 눈물부터 나오는 소리 한숨 나는 소리 소름 돋는 소리 숨 막히는 소리 간지러운 소리 다정한 소리 그리운 소리 거친 소리 풀벌레 소리 바람 소리 크고 작은 수많은 소리

토해내고 있다
탈이 났거나 화난 게 분명하다

침묵으로 익어가는 봄밤
노랗게 귀 기울이는 중

키 큰 나무

올려보고 안아보고
그 아래서 졸기도 하고
키 재보고 사이에 들어가 보고
엉덩이랑 무릎이며 풀물 드는 줄도 모르고 놀았다

그늘을 주고 품어주고
작은 바람으로 토닥여 주고
거친 바람이 불면 등이 되어 주고
팔 벌려 사이를 만들어 주고
다치지 말라고 풀 잔디 깔아주고
거칠고 덜 자란 내면까지 쓰다듬어 주었다

아내가 되고
엄마가 되었어도
여전히 키 작은 나도

키 큰 나무가 될 수 있을까
진짜 어른이 될 수 있을까

엄마 새

새벽마다 품을 파고드는
스무 살 아이

기숙사 입소 준비로
첫 새 둥지를 채울
살림 사러 나가고

몸만 빠져나간 바지는
훌러덩 벗겨진 채
빈 둥지처럼 앉아 있다

잔소리만 놓고 가려다
바지도 훌쩍 걸어 나갈 거 같아
예쁘게 접는다

소식

보름달이 저물고 달무리도 지워진
섣달 열아흐레 밤
휴대폰 문자 알림이 울린다

분홍 저고리를 입은 영정 사진 아래
'故 양분이 별세'
고향 어르신이 별이 됐다는 부고장

이름이 낯설어 한참을 보는데
서쪽을 바라보는 집에
메주콩 돌절구에 갈아 칼국수 빚어
콩칼국수 끓여 정을 나눠주던
울 엄니 친구며 내 친구 엄니인
운봉댁 엄니가 맞다
이름도 분꽃같이 곱다

입덧할 때 울 엄니 토란국이랑
운봉댁 콩칼국수만 생각났었는데

수년 전 운봉댁 요양원에 들어갔다는 소식
누런 콩칼국수도 토란국처럼
다시 끓지 않을 국이라는 생각에
노을빛을 잃어 가는 저녁처럼

동쪽을 등에 업고
서쪽의 지는 해를 안고 살던 집에서
전해 온 소식, 섣달이 슬피 운다

여름 끝에 걸린 풍경

사립문 사이 들어온 햇살
뜰에 핀 보랏빛 과꽃 미소
강아지풀에 내려앉은 간지럼
창밖에 드리워진 가을빛 닮은 노을
밤마다 찾아오는 작은 풀벌레 소리
한 점 한 점 떼어 부서지지 않게 담아
먼저 물든 나뭇잎에 띄워 보낼 테니
어둠 내려앉거든 달빛 아래 살며시 열어 보렴

답장은 그곳
텃밭에 잘 익은 고구마
손에 가지고 놀던 노란 탱자 두 알
햇살 온몸으로 받은 해바라기 씨앗
산길에서 만난 소나무 아래 솔방울
벌레도 탐낸 곱게 물든 단풍잎
분홍 꽃잎 반짝이는 강의 윤슬
가을 소풍 나온 아이들 돌돌 말은 김밥
엄마랑 유모차에 산책 나온 아기 웃음

목덜미에 내려앉은 햇살
차오르는 달빛 별빛 빛나던 순간
그 짙은 가을 색으로 받을게

여름 끝에 앉아서
가을을 기다리는 너에게

겨울에 핀 꽃

계절 바뀌고 만난 이들이
겨울인데 얼굴에 꽃이 폈다며
예뻐진 비법이 뭐냐 묻는다

수줍어 빨개지는 볼을 가리고
접시에 놓인 곶감 하나 집어
대신 감 익어가는 소리
단내 나던 어린 시절 이야기

감나무가 뒤뜰에 한 그루 텃밭에 네 그루
땡감은 소금물 끓여 잿가루 넣어 삭혀 먹고
줄줄이 깎은 감꼭지에 줄을 엮거나
싸리 꼬챙이에 꽂아 곶감 만들거나
장독에 쟁여 놓고 홍시로 먹거나
처마 밑에 줄줄이 매달았던
주홍 모빌이 바람에 흔들리고
밤새 눈이 내리더니
처마 밑에도 꽃이 피고

문풍지 사이로 웃음꽃 새어 나오던
하얀 분이 핀 곶감을 먹고 자랐던
그때는 그랬었지
이야기꽃 피운다

꽃씨의 선물

봄맞이 행사장을 지나치다가
건네받은 꽃씨 주머니

가랑가랑 비 오던 날
빈 꽃밭에 한 톨 한 톨 심었다

그렁그렁 비 내리던 여름
발그스레 웃는 꽃이
한 송이 한 송이 피고

날마다 비가 내리고
그래도 꽃은 피고 지고

글썽글썽 눈물 고이던 날
가라앉은 마음 꺼내어
우산에 얹어 하늘로 띄웠다

따라온 온 꽃잎도 둥둥 떠다니고

빨간 꽃비가 내리고
몽글몽글 다시 피어난, 웃음

서리꽃

첫눈을 불러올 거 같은
낮게 내려앉은 회색 구름

반짝반짝 빛이 나는
두 가닥 처음 보았을 때
나이 한 다발 받은 것 같았다

뽑으면
두 배 세 배 날까 봐 무시했는데
곳곳에 가닥가닥 자리 잡고
늘어난 새치

밤새 서리꽃 피었다

제2부

모란 아버지

올해도 아버지
모란 피어, 본다

늦둥이 딸 연극 보러 지팡이에 기대 십 리 길 학교 온
늙은 아버지 보고 웃지 않은 심청이

거기서는 지팡이 없이도
심청이 없이도 꿋꿋하신지

걱정 마라
걱정 마라

아버지 오신 듯 뜰이 환하다

물수제비

끝내 말하지 못하고
돌아선 길

통, 통, 통, 통…

용솟음치는 분화구

아무 일 없었다는 듯
금세 잠잠해졌다

밥꽃

저물녘 저녁 지으러 가는 길
가로수에 피어나는 하얀 밥 냄새

밥 먹어라 밥 먹어라
숟가락 놓자마자 다음 끼니를 챙기던
다시 돌아오지 않을 한 끼 거르지 말고
몸도 마음도 큰사람 되라고 노래 부르던

잿빛 여름 떠나시기 전
자식새끼 굶지 말라고
오월에 고봉으로 지어 놓고 간

키 큰 나무에 고슬고슬
하얗게 핀 이팝나무꽃

저녁 초대

고등어를 굽다
고등어 싫어하던 엄마가 생각나
비린내를 없애기 바쁜 저녁

열다섯 살 적 물비린내 나던 날,
이웃집에서 고양이 새끼를 데리고 오셨다
장날 고등어를 사 와 푹푹 삶아서 먹였는데
한동안 고양이만 고등어를 좋아하는 줄 알았다

살이 오른 고양이는
물 만난 고기같이 재빨랐는데
마당에 먼지도 폭폭 마르던 날
마루 밑에 등을 구부린 채 무지개 다리를 건넜다

시골집엔 숨을 마루 밑도 없어지고
물기도 비린내도 바짝 마른
빈집만이 덩그러니 남았는데

무지개 다리를 놓고
엄마를 초대해 굽은 등을
문질러 주고 싶은 저녁
조기 한 마리 노릇노릇 굽는다

그날

멈췄다

문이 열리자
절룩절룩 지팡이를 짚고
엘리베이터 쪽으로 걸어오시는 노인

―거 쫌 잡아주소

닮은 음성에 엄마라고 부를 뻔,
10층에서 1층까지 여러 사람 사이
수많은 질문은 열지 못하고
그냥 내렸다

가시는 걸음 뒤
부르지 못한 말이 절룩절룩

사라졌다

귀 마중

바짝 내려앉은 볕을 쬐며
갈라지려는 발뒤꿈치에 크림을 바르다가

저벅저벅 병실 복도를 걸어가는데
침상에 누워 걸음을 잃어버린 지 한참인 엄마가
―우리 애 발걸음 소리네
목소리 나온 그날이 반지르르 피어난다

귀담아듣지 않던 엄마의 발걸음 소리
떠올리려 문 쪽으로 귀를 세우고
늦둥이 젖 달라듯 보채지만
아득한 소리만 더듬고

자식 알아보는 눈이 귀에도 있어서
아이 현관문 여는 소리 밝다

빨간 어버이날

엄마 데리고 와서
가슴에 꽃 달아 드리고 싶은 날

찰지고 윤기 나는 매콤한 고추장
한술 떠 비빔밥 척척 비비는데

엄마가 담근 그 맛 떠올라
고추장 묻은 밥숟가락 들고
꾸역꾸역 삼킨 울음

빨간 카네이션 대신
빨간 고추장 한 숟가락

어버이날 온종일 목울대에 남아
맵싸한 그리움 빨간 물이 뚝뚝

빈집

빗물 자국
고양이 발자국
피고 진 꽃씨
다녀간 대문 손잡이
떠나간 차바퀴 자국
파도가 다녀간 자국
내려앉은 먼지
사진마다 추억
전화기 너머 목소리
엄마가 남겨준 배꼽 자리

지상에 내려앉는 것들은 발자국이 있다
지상에 다녀간 것들은 흔적을 남긴다

시골집 서랍에서 나온
엄마의 틀니
하얗게 웃는다

애기똥풀

별 따라 마당부터
대문 밖까지 총총 줄지어 나온 풀

늦둥이 막내 낳기도 전에
금니 하나 씌운 통틀니를 꼈던 엄마는
웃을 때마다 송곳니에 노란 꽃 피웠는데
꽃을 볼 때마다 아기처럼 까르르 까르르

다녀가는 바람과 비만큼 곳곳엔 시리고
쌓여가는 먼지, 축 늘어진 빈집 마당가엔
풀이 오월만큼 자라고 있다

이 빠진 녹슨 낫으로 풀을 베는데
삭삭 쓱쓱 살아나는 낫질 소리

텅 빈 항아리 줄지어 있는 장독대 옆
웃고 있는 노란 풀꽃 한 무더기

엄마가 오셨나 보다
아기처럼 기분이 또로롱 또로롱

귀가

돌담 골목이 고요하다
우편함에 우편물이 삐져나와 있다
반쯤 열린 대문을 활짝 열었다

동쪽 하늘엔 하얀 낮달
마당엔 채 묻히지 못한 마른 꽃
점점 사라진 고양이 발자국

겨우내 묵었던 보일러 돌리고
전깃불 켜고 가스 불 켜고
수돗물을 틀었다

석 달 만에 돌아온 집
온기가 돈다
피가 돈다

연애편지 쓰기 좋은 때

붉기 전 사이에 핀 분홍 잎을 보았지 홍가시나무
달콤한 복숭아 향기를 내는 금목서
손끝으로 붉은 꽃 피우게 한 벚나무 잎
노랗게 물드는 은행잎 그 옆에 목련 잎
가을 이슬 먹고 다시 핀 장미
보름달 가에 별 하나 별 둘
다정히 손잡고 걷는 노인
가벼운 입맞춤 하는 연인

달다, 시월의 밤

쓰다가 접어 둔
편지를 쓴다

빈집 마당

고향 집에 함박눈이 내리는
꿈을 꿨다

마당 좌우로 감나무 두 그루
홍시가 주렁주렁
단맛 쪼던 까치도 깍깍

팔월인데
홍시꽃이 폈다
눈꽃이 폈다

따가운 햇살 비집고 들어와
단꿈 깼다

여름 한낮
살포시 다녀간 겨울

놋달

냄비에 눌어붙은 누룽지 긁다가
시골집 놋숟가락을 생각하는 저녁

닳은 놋숟가락으로 솥단지 박박 긁으면
답답했던 속이 시원해지고
장단 맞춰 소리도 하면서
안 보이면 찾느라 한바탕 소동이 나기도 하는
세월만큼 긁다 보니 동그랗던 머리가
초승달을 닮아갔다

떠나온 고향 집
오늘 밤 검은 하늘에
싯누런 놋숟가락이 걸려 있겠다

동백마을

동쪽 잣나무 마을 끝자락
해가 들고 바람이 멈추고
마음이 머무는 곳

눈 속에서도 골목마다 핀
아이들 노는 소리 멍멍 강아지 소리
햇살 속에 들길 따라 소박하게 피어난
들풀 들꽃 아지랑이 염소 울음소리
느티나무 아래 장단 맞춰 춤추는 어르신들
진달래 한 잎에 호호호
앵두 두 알에 까르르
홍시 셋에 홍홍홍

중년이 되었어도 아이가 되어
아버지 어머니 품처럼
안길 수 있는 곳

장독대에서 본 수많은 별 초승달

반짝반짝 그리움 불러오고
먼 하늘에 울리는 어머니 목소리

계절보다 그리움이 먼저
동백꽃처럼 피어나는 곳

풀물

손톱에
풀물 지우려다

새벽마다 텃밭에서 따온
토란 줄기 껍질 벗기던
풀물 든 굽은 손 떠올라
그냥 뒀다

어머니
들어오셨다

달리는 심장

처음으로
9살 딸아이
콜택시 태워 보냈다

도착까지 두근두근
시간은 9년을 달려가고
거리는 20년을 달려가고

20분 후 도착 전화
제자리로 돌아온
내 심장

다짐

하수구 거름망에 올라온
작은 초록 싹 하나

뱅뱅 돌아가던 걸 멈추고
손빨래도 멈추고
맑은 물 살살 튼다

쪼그리고 앉아
머리 조아리며
거품 들어내고 있다

큰 스승 가르침
다시 찾은 초심의 쓸모
졸졸졸 새긴다

제3부

별맛

산다는 게
맹물 같다고 생각하던 중

오후는 3시에 걸려 있고
꼬르륵꼬르륵 밥 달라는 소리에
맹물에 밥 말아 고추장 찍어 먹었다

밥심으로 숲에 가서
콧노래 부르며 풀물 들고 꽃물 들며
풀꽃 따와 물에 꽂고
저녁도 맹물에 밥을 말았다

별맛이다

꽃의 말

겨울 중턱 언덕에
마른 산수국 두 송이 서로 기대고 있다

'변하기 쉬운 마음'이라는 꽃말 대신
'사랑해'라는 말을 떠올린다

살랑거리는 바람처럼 쉽게 흘려버릴 가벼운 말이 아닌
시옷에 ㅏ를 붙이고 랑을 끄집어내기까지 수많은 물음에
한결같은 대답과 시들고 색이 바래져도 부서지지 않고
곁에서 서로 기댈 어깨가 되어 준 변하지 않는
속삭임과 가볍지 않은 말

마른 꽃 가까이에서
하늘 아래 가져갈
꽃의 말을 듣는다

무기와 노래

지우고 싶은 이름에
북북 줄을 긋는데

"칼 가세요"
"가위 가세요"

골목길에 울리는
칼갈이 아저씨의 구성진 목소리

흠칫!

마음 돌려
'가세요'
'가세요'
'잘 가세요!'라고 쓴다

벌레와 시인

문예지 겨울호 시 두 편 청탁받고
한 달째 벌레처럼 오그리고 앉아
쌓아둔 남의 시집만 뒤적이는데

수십 년 전 절판된,
시인의 친필 사인이 적힌 빛바랜 시집에서
벌레 한 마리가 꼬물거리고 나왔다

누구라도 시인이 된다는 계절에도
제대로 된 시 한 편 못 쓰는
명색이 시인이라는 나는 시는 보이지 않고
한평생 시를 먹고 자랐을 저 생이 마냥 부러워
한참 넋을 놓고 있는데

시의 속을 나온 저 시인 같은,
아직 시의 속으로 들어가지 못한 벌레 같은

시, 월

열두 달 중 가장 부르기 쉽고
'시'자를 부르는 순간 '시'가 떨어져
아리고 시린 게 가슴에 와 닿는

라디오에선 시월의 마지막 밤을 추억하는 노래가 흘러
나오고 은행잎 넣어 편지 주고받던 열여덟 살 적 시월이
늙지도 않고 어김없이 따라 흘러나오고

고구마 껍질 깎다가 새끼손가락을 베었다
얇게 떨어져 나간 살점

'시옷이 떨어졌다'라고 말하고
아리고 시린 척하기 좋은

시, 월이 사각거린다

미스트를 뿌리다

방긋 웃는 미소가 퍼진 날보다
접고 다니는 날이 많을 때

얼굴에 늘어난 주름만큼
마음에 늘어난 주름도 깊다

모퉁이를 돌다 온 걸음과
두고 온 그림자가 걸려
자꾸만 뒤돌아보곤
벽 모서리에 머리를 찧었다

아파서 울고 울다 보니 접어 두었던
울음에 울음을 얹었다

한참 쏟아내자
구겨진 마음이 펴진다

가을을 닮아가는 나이

얼굴에 미스트를 뿌린다

오후 네 시

서쪽 창문에 걸린
저 해가 붉나 내 얼굴이 붉나

열다섯 소녀
첫 꽃망울 떨어지던 날
어쩔 줄 몰라 아무도 모르게
두 손 감싸고 얼굴만 붉혔지

오십 줄에 들어서 꽃망울 지려는데
아직 때가 아니라며 우기지만
소식은 띄엄띄엄
소녀처럼 어쩔 줄 몰라

가슴에 피었다면 설레일까
우울도 없었을까

꽃자리 마르려 하자
볼에 밀어 올리는 붉은 꽃

숨기려 하나 뜨겁게 피어올라
창가만 서성인다

오후 네 시가 뜨겁다

거미 시(詩)

―낯설게 하기
―비틀어 보기
―다르게 생각하기

그렇다는데, 생각까지 힘만 잔뜩 들고
밤은 깊어 가는데 엉거주춤 뒷걸음질만 친다

운동 기구에 올라 다리를
엇박자로 핫! 둘! 핫! 둘! 흔드는데
거미줄 하나 길게 늘어져 있다

새끼손톱만큼도 안 되는 거미 한 마리
거미줄을 타고 좌우 위아래 거꾸로
놀이하듯 가볍게 잘도 움직이는데
하필 엉성한 내 앞에서 재주를 부린다

저 거미를 집으로 데려가면 가르마도 반대로 넘길 거고

늘 바지 뒷주머니 왼쪽에 넣던 전화기를 오른쪽에 넣을 거고
고개가 반대로 갸우뚱해지면 가만히 있던
오른쪽 엉덩이가 실룩실룩 움직일 테고
저녁 짓는 부엌에선 집게 톱니가 악어 입이 될 거고
설탕 대신 양파를 넣고 미역국에 고추장으로 간을 할 거고
젓가락으로 노래를 부를 거고 낯설고 재미난 저녁이 될 거고
생각도 잘 움직일 거고 힘도 빠질 거고
그럼, 마음대로 흔들릴 텐데

안테나를 세우다

달은 차오르는데
별은 내려앉는데

머리로만 주파수를 보냈더니
공중에 떠다니는 먼지 하나 못 잡고
가슴으로 새긴 글자 하나 적지 못했다

보름날이 가고
달은 사그라들고
별은 흐려지고

낯선 시선에 기울이고
빈 생각 빈 마음으로
안테나 세우고 다시 걷는다

달이 차오르고
별이 내려앉고
주파수가 흔들린다

시가 들어오는 소리
밤길 살짝 연다

오독

'술 상관없는 최강 머리끈'
전화기에 뜬 광고 글씨에
어둑한 공원에서 눈이 번쩍 뜨인다

술에 취하면 머리가 헝클어지니깐
암, 그럴 수 있지

나무도 가을에 취해서 낙엽 질 텐데
조금만 풀리고 싶은 갈색 밤

가로등 불빛 아래 다시 보니
'숱 상관없는 최강 머리끈'이라고

번쩍 뜨인 두 눈을 비비며
흐느적거린 '술'을 매만지고
틈 없는 가을을 묶는다

산다는 소리

죽을 둥 살 둥 달려왔더니
죽을 둥 말 둥 기운이 없다

영양제 링거 맞고 들어선
오래된 주택가 골목에서
터벅터벅 한걸음 걷고 한걸음 쉬기를
재개발구역 환영하는 현수막이
하늘을 가로질러 터덜거린다

"냉장고 에어컨 손목시계 텔레비전 컴퓨터 카메라 은수저 금이빨 삽니다" 반복해서 울리는 확성기 소리 '세상 모든 제품 다 삽니다'라고 적힌 현수막 붙인 트럭이 힘찬 소리를 내며 지나간다

골목이 들썩인다
다시 기운이 돈다

카라멜이 녹고 있다

뒷주머니에 넣어둔 카라멜 한 개
반나절이 지나 앞사람 뒤를 보다가
기억이 났을 땐 녹고 있었다

엉덩이가 따뜻하다는 걸
까맣게 잊고 있었다

미안했다

심장에 기대
가슴 뛰는 것에만 집중하느라
앉을 땐 엉덩이가 받쳐준다는 것도 모르고

얼굴만 보느라
한때 사과 같았던 곳에
우물 두 개가 생긴 것도 잊고 있었다

뒤를 보는 연습을 시작한다

힘 빼

기도하며 켠 촛불같이
날마다 꽃 피는 작은 꽃나무
바람에 꽃가지 흔들흔들

발등에 내려앉은 꽃잎 한 장에
어쩔 줄 모르다가
꾹!

발끝에 힘주고 견디기만 했던
나를 살필 줄 몰랐던 날들이 떠오른다

기도와 다짐하려는 차
꽃잎이 나풀거리고
날아가며 하는 말

힘 빼!

시작(時作) 또는 시작(詩作)

  씨앗 하나 물어다 줄 새가 날아올 줄 알았다
  도화지에 뭉게구름 그려 줄 손이 다녀갈 줄 알았다
  슬픔은 이런 거라고 눈물비가 내릴 줄 알았다
  이른 아침 강이 하는 말 들려줄 안개가 내려앉을 줄 알았다
  캄캄한 어둠 밝혀 줄 태양이 차오를 줄 알았다
  저물어 가는 서쪽에 노을이 곱게 물들 줄 알았다
  처져 있는 어깨 기댈 벽이 보일 줄 알았다
  집으로 가는 길 마중 나와 줄 줄 알았다
  세월의 이야기 들려줄 계절 하나가 올 줄 알았다
  하늘가에 올라간 이들의 안부 전해 줄 달님 별님이 손짓할 줄 알았다
  표현 못한 말 대신 전해 줄 바람이 불어올 줄 알았다
  오르고 내려오는 법을 알려 줄 산이 보일 줄 알았다
  쉬었다 가라고 말해 줄 언덕이 기다릴 줄 알았다
  마른 어깨 언저리에 꽃잎이 내려앉을 줄 알았다
  안길 수 있게 어머니 품이 있을 줄 알았다

그렇게 하늘만 보고 걷다가
돌부리에 넘어지면서
발아래 핀 풀꽃 하나 밟을 뻔했다

아차!

하늘을 보지 말고 발끝을 보라는
시인의 말이 머리를 친다

습관

화려한 곳에 머물다 와
빨라진 마음 박자

풀어헤친 생각 주머니 살짝 채우고
입을 가볍게 닫고 몸에 힘을 빼고
봄바람 강바람 따라 걸으며
시선은 멀리, 발아래 조금씩 올라온
작은 봄에도 눈을 둔다

필요 없던 걸 털어버리며
한 박자 쉬게 하는 것

다시 찾은 마음 박자
제자리로 돌아가는 길

제4부

만덕 버스 정류장

환승하려고 내리자
어둠에 싸락눈 내리고
겨울이 입까지 차르르 붙는 저녁

전광판엔 '121번 9분 후 도착'
'감동진 온열 의자'라고 쓰인 곳에 앉자
갓 지어 푼 밥그릇 같아

자리 당겨 빈자리 만들고
서 있는 사람에게도 앉으라고 말하곤
길 건너 웅크리고 있는 사람에게도
건너오라고 말할 뻔, 주먹만 폈다 쥐었다

그새 마음 데우고 추위가 사르르 녹는
손바닥 펴 싸라기 안치고 따신 밥 지어
배불리 넘어가는 고갯길

동해안로 나정항

겨울에도 사막보다 더한 콘크리트에
꽃씨를 뿌리는 갈매기 떼

파도치면 파도 업고
비바람 불면 비바람 업고
햇살 좋으면 햇살 받으며
온몸으로 꽃씨를 뿌린다

끼룩끼룩
먹이 찾아 날아가고
부둣가는 눈송이 하얀 꽃동산이 되고

날아가는 갈매기보다
앗, 똥 밟았다

웃음도 메말랐던 날
까륵까륵
배꼽 잡는다

다대포 해안을 걸어보라

누워 있는 수많은 얼룩말,
말들의 잔등을 파도가 쓰다듬고 있다

아침에 딸아이와 다투고
등교하는 등을 끝내 다독여 주지 못했던
발목까지 시린 마음을 어루만져 주는
어미의 그, 어미처럼

밀물 들고 썰물 지는
수천, 수만 년 세월에도
한결같은 저,
바다의 마음을 알고 싶다면

취중 진담

카페 창밖 진한 노을
마당까지 내려앉고
그만큼 취하고 싶은 저물녘

수제 맥주에 노을 한 움큼 집어넣고
한 잔 달려온 일과를 내려놓고
두 잔 켜켜이 쌓인 근심 털어놓고
석 잔 차오르는 미래의 꿈 펼쳐 놓고
넉 잔 꺼내지 못한 사랑을 풀어놓았다

작은 가을바람 안주
잔잔하게 흐르는 음악
볼에 들어앉은 붉은 노을

주머니 속 쓰다만 편지
만지작거리다 가라앉은 말 조각들
거품처럼 솟아오르는 웃음

만추, 답게 취한다

알밥을 먹다

실수를 쏟아내고
우울을 뒤집어쓴 정오

알밥을 먹다가
배 속에 날치 알이
살아 있음 어쩌지
터지면 어쩔까
돌아다니면 간지러울까
그러다 배꼽이 튀어나오면 어쩌지
상상을 하다
바스락거린 입맛이
뽁뽁이 소리를 내며
터진 웃음보

그새 어디 갔나
내 우울

전선 같은 사람

퇴근길 골목이 무겁다
하루치 무게가 발아래로 내려왔다

노을 쪽으로 낮달이 전선에 걸려 있다
아니다 등을 기대고 있다

문득,
전선 같은 사람 하나 만나고 싶다

잠시 기대라고 등 내밀어 줄 수 있는
전선 같은 사람이고 싶다

집으로 가는 길
낮달이 다시 노을 쪽으로 기운다

사이

지하 주차장에 차를 세우고
우두커니 앉았다

정적 흐르는 공간
남아 있던 소란을 잠재우고
내 안에 잠시 고요를 충전한다

꿈꾸는 지하에서 만난 다른 우주
이름도 없고 글자도 없는
삐리삐리 삐리삐리

누구도 들어올 수 없는
침범할 수 없는 시간이 멈췄다

차 한 대 불빛이 들어오고
정지된 시간이 다시 흐른다

그늘이 그늘을

벽에 기대 본다

간판 아래서 지팡이에 의지해 있는 할머니
주차 금지를 알리는 찍히고 긁힌 낡은 의자
쌀집 앞 터지지 않은 쌀자루 앞 비둘기 세 마리
전봇대 옆 파랗게 질려 있는 붉은 장미 넝쿨
담장 위로 나온 상처 많은 무화과잎
우편함에 떠난 사람들 앞으로 온 우편물
바닥 틈새 말라가는 민들레
발에 밟힐 뻔한 개미 떼

하늘이 회색이다
그늘이 그늘을 보듬는다

내게도 오래전 와 있었다는 걸
그늘을 보고야 알았다

그놈

늘어지는 오후,
계단 물청소를 하는데

―해안에서 직접 가져온 자연산 바닷장어
싱싱한 자연산 바닷장어
한 보따리 만 원에 팝니다

골목에 바닷장어 장수 굵직한 목소리에
잘 씻기지 않던 먼지가 털어지고
가라앉아 있던 힘이 살아난다

한 보따리 사서 들어서는 길
검은 비닐봉지 안 힘센 놈이
뚫고 나와 바다로 데려갈 기세다

얼굴이 붉어진다

그날 이후

비 오는 날 우산도 없이
비를 맞으며 걸었다

온몸에 앉은 비가
집으로 따라왔다

매일 비에 젖는다
젖은 것은 다 가라앉는다

시를 쓸 수 없는
이유가 시작되었다

가을 승객

길모퉁이 섰는데
해가 지려고 한다

서둘러 노을 끝을 잡고
버스를 기다리다가

은행잎 한 장 줍다
기다렸던 버스 한 대
그냥 보내고 다음 버스를 탔다

노을과 은행잎 주머니 안에 넣고
부서지지 않게 집으로 데려온다

겨울 온다는 소식
오후가 모자란 늦가을

기억의 속도

금정산 등산길
잔잔한 바람이 불어와
찔레꽃 향기만 가득했는데

하산길 저만치 앞서 걷는
낯선 스님 뒤로
향내 그윽하다

때론 기억이 바람보다 빨리
향기를 불러온다

서성로 백합나무 가로수와 시인

몽실 탁구장*에서 나와
탁구채와 시집 한 권 산문집 한 권 넣었을
가방을 둘러메고 걸어오는 시인

시인의 한걸음 뒤에서 같은 걸음걸이로
조그만 연두 전구 알을 켠 듯 잎이 올라온
서성로 백합나무 가로수를 걷는다

백합나무 잎은 또 같이 걷네 하며
쫑긋쫑긋 인사를 하는 듯하고
몇 번의 계절이 바뀌어도
볼 때마다 백합나무는 푸르다 물들다
하늘 높이 키만 자라고 있다

―이 나무가 백합나무예요
―백합나무꽃을 봐야 하는데요
―꽃이 피면 노란 등잔 같기도 해요
―어떤 것은 술잔으로 쓰면 좋겠다 싶을 거예요

상화의 옛이야기 살아 있는
골목길 지나 백합나무 가로수를
시인처럼 떠가는 대로 몽실몽실 걷다 보면
높은 하늘 좋아하는 키 큰 백합나무 위에 올라
연두 세상을 볼 수 있을지도

서성로에 가면
몽실 시인의 뒤에서
시인의 걸음을 닮아간다

*이동훈 시집, 『몽실 탁구장』(학이사, 2021)

사월, 라일락뜨락

일찍이 상화 시인이 살았던 라일락뜨락*
이백 년째 십오일 간의 향기가 피어난다

서성로 좁은 골목 안채 라일락
뒤틀린 몸에서 안간힘으로 가지 뻗어
누구라도 보란 듯 보라보라 피는 꽃망울

꽃그늘 아래 상화커피 마시며 시를 쓰고
주인장**과 친구인 길고양이들은
나무 등을 타고 하늘 지붕까지 오르락내리락

주인장이 맛보라고 떼어 준 초록 잎 한 장
살짝 깨물자, 쓴맛 하나
뒤틀린 문장 다듬는다

해가 기울고 노을 따라
향기는 더 먼 곳까지 날아가고
보라보라 피어나는 시

백 년 된 시를 받았을 상화 시인
나는 이백 년 된 시를 받을 심산으로
사월 라일락뜨락에 앉아 있다

*이상화 시인이 1901년 4월에 태어나 32살까지 살았던 생가터. 200살 넘은 라일락이 있다.
**권도훈 작가, 라일락뜨락1956 카페 대표이자 길고양이 안나, 금순이, 은순이, 복순이 집사

극락에 들다

각진 모서리 옆구리에 끼고
가시 같은 말 내뱉던 입술을
숨기고 도망치듯 나선
통도사 극락암 들어서는 길

영축산 품고 있는 청보리밭 지나면
늘 푸른 소나무 아래 진달래 피고
햇살 한 줌 손만 대면 터질 듯 올라온 벚나무 꽃망울
꽃 멀미 부르는 산수유
돌계단 틈새 제비꽃
발아래 낮게 핀 봄까치꽃
어린 봄이 보드랍게 스며든다

절집 마당부터 꼬리를 흔들며
졸졸 따라오던 고양이 한 마리

삼소굴 툇마루에 앉은 무릎 위에 올라와
옆구리 파고들고 머리를 비비더니

살며시 눈을 감는다

—여기가 극락이구나

생수

마른 땅을 기어가는
한 마리 지렁이

지나가는 사람 발에 밟혀
꼼짝 안 하더니
다시 꿈틀꿈틀 기어간다

나도 한때
저런 길을 갔었지

마시던 생수병 물을
길게 부어 주었다

해설

동백마을에서 만덕동 버스 정류장까지

이동훈(시인)

　산업화 이후 도시에서 성장한 세대는 그들 나름의 도시적 감수성으로 무장되어 있겠지만 이전 세대가 터득했던 자연환경과 농촌 문화의 다양한 경험으로부터 유리되어 있다. 노동을 통한 생산과 이익 추구는 도시와 농촌이 별반 다르지 않겠지만 하늘과 땅, 햇빛과 바람, 숲과 강, 나무와 새, 마을과 사람이 어우러진, 자연과 인간이 공존하고 순환하는 생태 공동체에 대한 미적 감수성은 후자 쪽에서 더 활발하게 진작될 것이다.

　이런 감수성은 모두에게 공평하게 주어지는 것은 아니다. 천성적인 것도 있을 것이고, 어떤 일이 계기가 되어 주어지는 것도 있을 것이다. 영화「일 포스티노」엔 섬마을 청년인 우편배달부 마리오가 등장한다. 마리오에게 바다는 아버지가 그러하듯 어부들의 생업 현장일 뿐

이다. 그냥 익숙한 사물처럼 늘 옆에 있는 바다에 지나지 않는다는 것이다. 그런 청년이 시인 네루다를 만나면서 무심하던 바다가 이전과 달리 아름답게 또 고통스럽게 다가오는 걸 느낀다. 똑같은 상황인데도 평범한 것이 특별한 것이 되는 순간이고 이를 포착해서 표현해 낸 것을 시(詩)라고 말해도 좋겠다.

마리오가 어느 순간 바다에 눈과 귀를 내어주었듯이 박구미 시인은 고향의 자연과 고향의 집과 고향의 부모에 깊이 천착한다. 시인이 만난 사람도, 시인이 읽은 시집도 스승이 될 수 있지만 그녀 시의 상당한 지분은 고향 마을의 자연과 사람에게 빚지고 있다. 여기에 더해 시인의 인성과 상상력이 시의 진실성과 성취를 높여 주는 촉매 역할을 했으리란 생각이다.

현재 박구미 시인은 부산에서 활동하고 있지만 그녀의 고향은 경남 함양 백전면 동백이다. 지리산이란 대자연을 품고 있는 함양은 이름난 문인도 많다. 신라의 최치원이 함양태수로 있었고, 김종직이 함양군수로 있으면서 김굉필과 함께 이곳 출신 정여창을 수제자로 길러냈다. 『열하일기』의 박지원도 안의현감으로 함양에 머문 시절이 있었다. 근래의 작가로 치자면 함양 출신으로 이외수, 허영자, 김석규, 김수복 등의 작가를 꼽을 수 있겠다. 특히 이외수의 득의작으로 불리는 『벽오금학도』도 이곳 농월정 계곡을 배경으로 한 것이 아니냐는 얘기가 있다.

이들 문인의 공통점을 꿸 재주는 없지만 당신의 지위와 생업과 별도로 걷는 사람, 사색하는 사람, 쓰는 사람으로의 면면을 보여주고 있다고 대강이나마 말할 순 있겠다. 걷고, 사색하고, 쓰는 사람 그 뒤를 잇는 박구미 시인의 행보도 자연스레 주목된다. 시인이 태어나고 살았던 동백마을의 동백에서 얼핏 동백(冬栢)나무가 연상되지만 실제로는 동백(東栢), 서백(西栢)으로 구획이 나뉘는, 잣나무가 많은 동네다. 박구미 시인은 동백을 사랑해서 본인의 닉네임으로도 쓰지만 동백(東栢)과 동백(冬栢)을 가려서 쓰기보다는 둘의 이미지가 겹치는 것을 놓아두고 오히려 즐기는 편이다. 어쩜, 한쪽에 구애되지 않는 시인의 성정이 그러한가 싶기도 하다.

그럼, 쓰는 사람으로서 마침내 결실한 첫 시집 『내 이름은 구미』에서 동백 시인 박구미의 시의 원천이라고 할 수 있는 고향 집과 부모에 대한 그리움이 담긴 시 한 편을 먼저 만나자.

> 동쪽 잣나무 마을 끝자락
> 해가 들고 바람이 멈추고
> 마음이 머무는 곳

눈 속에서도 골목마다 핀
아이들 노는 소리 멍멍 강아지 소리
햇살 속에 들길 따라 소박하게 피어난
들풀 들꽃 아지랑이 염소 울음소리
느티나무 아래 장단 맞춰 춤추는 어르신들
진달래 한 잎에 호호호
앵두 두 알에 까르르
홍시 셋에 홍홍홍

중년이 되었어도 아이가 되어
아버지 어머니 품처럼
안길 수 있는 곳

장독대에서 본 수많은 별 초승달
반짝반짝 그리움 불러오고
먼 하늘에 울리는 어머니 목소리

계절보다 그리움이 먼저
동백꽃처럼 피어나는 곳

―「동백마을」 전문

농촌 이탈과 수도권 집중화로 지방 소멸의 위기감이 점점 현실로 닥치는 중에 동백마을이라고 예외는 아닐 것이다. 하지만 불과 몇십 년 전만 해도, 시인이 어린 시절을 보낸 동백마을은 마을 공동체의 원형이 남아 있는 곳이었다. 느티나무 고목이 정자수로 있고, 그 아래 주민들은 마을의 안녕을 기원하며 공동체의 대소사를 논의했을 것이다. 잔치가 벌어지면 "장단 맞춰 춤추는 어르신들"로 인해 흥겨운 한마당이 연출되고, 아이들은 아이들대로 골목과 벌판으로 몰려다니며 노느라고 분주했을 것이다. 강아지, 염소 소리가 풍요로움을 더해주고, 마을 곳곳의 잣나무, 느티나무, 앵두나무, 감나무, 진달래 등도 사철 피고 진다.

꽃구경 시켜주고, 그늘 제공하고, 열매 내주면서 사람 웃음마저 피게 하는 나무에 대한 쏠림이랄까, 기댐이랄까. 시인은 스스로 「키 큰 나무」이고 싶다는 바람을 「시인의 말」에서도 밝혀둔 바 있다. 또한 시인은 키 큰 나무뿐만 아니라 담장 아래 키 작은 「봄까치꽃」에도 마음을 내어줄 줄 안다. 크고 작은 것 사이 편벽됨 없이 주위를 품고 챙기려는 사람의 징표를 시인의 시에서도 확인할 수 있을 것이다.

「동백마을」은 의성어 사용도 두드러지는데 홍시 두고

"흥흥흥" 웃는 데서 알 수 있듯이 자연과 사람이 혼융된 동화 같은 세상이 그려진다. 그런 고향을 가진 것이 큰 복이란 생각도 들지만 더 중요한 것은 그걸 복으로 인식하는 시인의 마음이다. 이런 마음의 중심엔 고향 집과 어머니, 아버지의 존재가 있었을 테지만 현재 고향 집은 꿈에 보이는 「빈집 마당」이 되었다. 그 마당에 소환된 아버지는 뜰을 환하게 하는 「모란 아버지」가 되었고, 통틀니를 꼈던 어머니는 「애기똥풀」이 되어 장독대 옆으로 오기도 한다. 어머니는 밥 먹으라는 밥꽃으로도 오고, 손톱에 드는 풀물로도 오고, 목울대에 남은 빨간 고추장으로도 온다. 그런 장면 중 어머니와 시인 자신이 생생하게 연결되는 추억 한 페이지를 읽는다.

> 부스스한 머리 그래도 설날인데
> 너무 뽀글뽀글한 거 말고 중간 걸로 말아주세요
> 머리 감는 동안 선명하다, 그날
>
> ─요래 살면 뭐하노…… 그래도 설인데……
> ─미용사요 너무 뽀글뽀글한 거 말고 중간 걸로 말아주이소
>
> 빠마랑 밤색 물도 들이고 꽃단장하고

손거울 요리 보고 조리 보고
마음에 든다며 환하게 웃는 모습이
설빔 입고 좋아하던 여자의 어린 딸 같았던
요양병원 환자복 대신 분홍 옷 입는 걸 좋아한
여전히 여자였던

거울에 비친 그 여자 딸도
나이 들어 주름이 늘고
닮아가고 있다
—「닮은 여자」 전문

  설날을 맞이해서 머리 단장에 나선 시인은 무심코 "너무 뽀글뽀글한 거 말고 중간 걸로 말아주세요"라는 말을 내뱉곤 얼음이 된다. 세월을 거스르지 못하고 요양병원 도움을 받아야 하는 어머니의 말씀과 판에 박은 듯 똑같은 말인 줄 깨쳤기 때문이다. 파마머리를 한 어머니는 환한 웃음을 짓지만 그때를 떠올리는 딸의 속내는 다소 복잡해 보인다. 당시를 떠올리며 미소도 번지겠지만 모녀의 인연 또한 머물 수 없는 시간에 놓인 것을 생각하지 않을 수 없다. 문득, "거울에 비친 그 여자 딸"인 자신에게서 어머니 모습을 발견하는 것은 모녀의 극적인 해후와 다르지 않다. 여기서 '그 여자 딸'은 중의적 성격을 지

닌다. 그 여자의 딸이 시인일 공산이 크지만 그런 시인을 거울로 보는 딸이 될 수도 있다. 또한, 다른 많은 이 세상 어머니의 딸들이 그와 같은 처지에 있을 거란 생각도 든다.

부모와 자식을 부단히 잇는 마음은 「닮은 여자」뿐만 아니라 「엄마 새」의 걱정에서도 나타나고, 「귀 마중」에서 보듯 "엄마의 발걸음 소리"를 놓치지 않고 "아이 현관문 여는 소리"를 반기는 태도로도 나타난다.

어머니, 아버지가 이 세상에 없는 지금에도 시인의 그리움은 끝이 없다. 다만, 시집으로 노래해 놓은 만큼 세월이든 다른 누구에게든 그리움을 속절없이 빼앗길 일은 없겠다. 물론, 욕심 많은 독자들이 그리움을 훔쳐 가서 각자의 그리움으로 피어나게 한다면 이 또한 값진 일이라 하겠다.

아버지가 지어준
내 이름 구미

입술 근육에 힘 넣어 빠구미
꼬리 붙여 구미호
ㄱ 버리면 바구미
젤리 과자 마이구미

고등학교 때까지 이름표를 달고 다녔지만 내 이름의
의미를 몰랐다
　사람 몸에는 아홉 개의 구멍이 있다는 걸 알고서
　내게 구미라는 이름을 붙여준 이유를 알았다

　예의가 아닌 것은 보지 말고 아름다운 모습만 보라는
　세상의 선한 것에는 향기가 나고 악한 것에는 악취가
나는 법
　선한 것만 가까이해서 향기로운 냄새만 맡으라는
　험담하는 말은 흘리고 좋은 말만 가려들으라는
　한 번 뱉은 말 주워 담지 못하니 고운 말 하라는
　정의롭지 못한 것에 바른말 하라는
　몸에 이로운 음식 먹으라는
　사랑하는 사람과 결혼해 건강한 아이 낳으라는
　욕심 비우고 가볍게 살라는

　이름처럼 살라는
　내 이름 구미
　　　　　　　　　　—「내 이름은 구미」 전문

이름을 지을 때, 그 시대의 요긴한 것 가운데 부모와

작명자가 바라는 덕목이 들어가 있기 마련이다. 종종 자신의 이름을 바꾸는 경우가 없지 않지만 이름이 갖는 메시지가 문제되는 경우는 드물다. 이름의 어감이나 연상되는 것들로 인해 불편해지는 탓이 크고, 개명을 통해 운을 틔울 수 있는가 하는 고민도 작용하는 줄 안다.

이름이 풍기는 세련되지 못한 촌스러움을 한때는 부끄러워하기도 하지만 또 어떤 경우엔 자신이 자랑스럽게 미는, 그래서 더 친밀하거나 돋보이기까지 하는 이름이 되기도 한다. 박구미 시인은 이름에 따라왔을 짓궂은 별명들을 소소하게 웃는 여유 속에 자신의 이름을 긍정하는 모습을 보여준다. 「내 이름은 구미」는 아버지 정이 담긴 이름을 영원히 기념하며 꼬리가 아예 떨어지지 않도록 박음질해 세상에 내놓은 것이 되겠다.

구미(九美) 자 이름엔 눈, 코, 입을 비롯한 아홉이나 되는 각각의 구멍을 아름답게 쓰고 건강하게 가꾸라는 의미가 있다. 박구미 가계만의 근사한 채근담이 아닐 수 없다. 여기엔 서로 사랑하면서 자식 낳고 건강하게 살라는 부모의 현실적 당부도 있지만 예가 아니면 행하지 말라는 공자의 말도 있고, 자신의 잘못을 부끄러워하는 데 그치지 말고 남의 잘못을 미워하며 바른말 하라는 맹자의 뜻도 있다. 욕심을 줄이라는 『법구경』의 지혜도 엿보인다. 이처럼 여러 성현의 뜻을 빌려 어떻게 살 것인가에 대한 지향점도 내포되어 있는 만큼 그야말로 시인이 받아들이고 꿈꾸는 인간다운 삶의 총체를 그려 보인 것이라 하겠다.

마지막 아홉 번째 지나 열 번째 아름다움은 바로 "이름처럼 살라"는 것인데 실제로 이름에 대한 해석보다 더 중요한 것은 그렇게 사는 것일 테다. 다들 이름에 걸맞게 살면 공동체의 삶은 지금보다 훨씬 이상적이지 않을까 하는 생각이다. 박구미 시인도 가족과 주변을 건사하며 이름에 값하는 모습을 언제든 보여준다. 『내 이름은 구미』의 장면 장면에서 이름처럼 살고 있는 시인의 모습을 어렵지 않게 발견할 수 있을 줄 안다.

『내 이름은 구미』의 전반부는 고향과 가족에 대한 그리움이 짙게 나타났다면, 이후에 적잖은 수의 시편은 시에 대한 고민을 담고 있다. 시에 대한 진지한 탐구를 이어가던 시인은 스스로 찾았는지 누가 끌었는지 모르게 운명처럼 등단 절차도 거쳤다. 등단 여부와 관계없이 오래전부터 시인은 시에 대한 목마름으로 공부 모임을 찾기도 했고, 가정과 직장 일로 바쁜 일상의 시간을 쪼개서 책 읽는 시간도 늘린 것으로 알고 있다. 피곤에 지쳐 책을 잡고 잠을 잔다는 말이 농담만은 아닐 것이다. 시에 대한 간절함이 전해지는 시 한 편을 보자.

문예지 겨울호 시 두 편 청탁받고
한 달째 벌레처럼 오그리고 앉아
쌓아둔 남의 시집만 뒤적이는데

수십 년 전 절판된,
시인의 친필 사인이 적힌 빛바랜 시집에서
벌레 한 마리가 꼬물거리고 나왔다

누구라도 시인이 된다는 계절에도
제대로 된 시 한 편 못 쓰는
명색이 시인이라는 나는 시는 보이지 않고
한평생 시를 먹고 자랐을 저 생이 마냥 부러워
한참 넋을 놓고 있는데

시의 속을 나온 저 시인 같은,
아직 시의 속으로 들어가지 못한 벌레 같은

—「벌레와 시인」 전문

  시인의 자랑은 이름이 아니라 시를 잘 쓰는 일일 수밖에 없다. 시인에게 이보다 더 큰 자랑이 있을 성싶지 않다. 좋은 시를 남기고 싶다는 바람과 그 바람에 미치지 못하는 현실 사이의 간극을 아파하며 수많은 시인들이 때로 주저앉고 애써 분발하며 나아가는 것일 테다.

박구미 시인의 미덕은 "제대로 된 시"를 품으려는 그 지향에 있다. 그 지향이 얼마나 열렬했으면 오래된 책에서 발견되는 책벌레(다듬이벌레)를 부러워하기에 이른다. 시인의 별명이기도 했던 바구미도 쌀벌레의 일종이니 책벌레와의 만남에 애초부터 친근성이 있다는 우스갯말도 제법 그럴싸하다. 이처럼 「벌레와 시인」엔 밉지 않은 벌레가 시를 먹고 자라서 시의 고수가 되었을 거란 가정이 작용하고 있다. 이는 재치 있는 발상이면서 동시에 시에 진심인 태도가 자연스럽게 구현된 표현이라 할 수 있다.

시가 뭐길래 시의 속을 나온 벌레는 시인이 되고, 그 바깥에 있는 자신은 벌레가 되는, 존재의 지위가 바뀌는 건가? 이런 질문에 도깨비 시인 김종삼은 남대문 시장에서 빈대떡을 먹으며 얻은 깨달음을 전파한 바 있다. 「누군가 나에게 물었다」에서 "엄청난 고생 되어도/순하고 명랑하고 맘 좋고 인정이/있으므로 슬기롭게 사는 사람들"이 바로, 다름 아닌 시인이라고 했다. 시를 쓰지 않아도 이미 삶 자체가 몸으로 쓰는 시이고, 그 몸의 주인이 곧 시인이라는 김종삼 식 시인론이다. 이는 서두에서 언급했던, 우편배달부 마리오가 그러하듯 자연과 사물에 의

미를 부여하고 자기를 표현해야 비로소 시인이라는 논리와 상충되는 듯하지만 이는 표면적 차이에 지나지 않는다. 두 이야기는 '진실된 삶'과 '표현하는 삶'을 강조하는 수사일 뿐 둘은 분리될 수 없는 성질의 것이기 때문이다.

  내가 아는 박구미 시인은 김종삼 식 시인론에 딱 부합하는 사람일 듯하다. 여기에 마리오 청년처럼 배우기를 즐기는 마음, 시를 품고 시를 고민하는 진정성으로 보아 시인은 누구보다 무한한 확장성을 갖고 있다고 믿는다.
「안테나를 세우다」에서 보듯 박구미 시인은 언제든 오감을 열어 놓고 "시가 들어오는 소리"를 기다리고, 다가오는 시의 실루엣을 벗겨내고 참한 시를 빚으려고 애쓴다. 「시작(時作) 또는 시작(詩作)」의 말미에 시인은 "하늘을 보지 말고 발끝을 보라는/시인의 말이 머리를 친다"고도 했다. 막연한 기대나 모호한 이상에 기대지 말고 현실을 응시해야 한다는 뜻으로 이해된다. 시인이 이러한 의중이 소소한 일상과 너무나도 잘 결합된 시 한 편을 보자. 「만덕 버스 정류장」이다.

    환승하려고 내리자
    어둠에 싸락눈 내리고
    겨울이 입까지 차르르 붙는 저녁

전광판엔 '121번 9분 후 도착'
'감동진 온열 의자'라고 쓰인 곳에 앉자
갓 지어 푼 밥그릇 같아

자리 당겨 빈자리 만들고
서 있는 사람에게도 앉으라고 말하곤
길 건너 웅크리고 있는 사람에게도
건너오라고 말할 뻔, 주먹만 폈다 쥐었다

그새 마음 데우고 추위가 사르르 녹는
손바닥 펴 싸라기 안치고 따신 밥 지어
배불리 넘어가는 고갯길
                  —「만덕 버스 정류장」 전문

  만덕동은 서쪽에 낙동강이 지나는 덕천동, 구포동을 두고 동쪽에 온천동을 둔 고갯길로 검색된다. 추운 날씨에 만덕 버스 정류장에 내린 시인은 몸을 데울 수 있는 온열 의자가 반갑기만 하다. 따스한 행복감을 "갓 지어 푼 밥그릇 같"다는 말로 표현한 것도 좋았지만 정작 인상적인 부분은 그다음이다.
  좁은 자리를 더 좁혀 빈 공간을 만들고 서 있는 사람을

앉혀 온기를 나누더니 길 건너 추위에 떠는 사람에게도 온기를 쬐게 해주고 싶어 마음이 섰다 앉았다 한다는 것이다. 모여서 추위 녹이고, "싸라기 안치고 따신 밥 지어" 먹은 듯한 흔흔한 기분이 되어 떠나는 만덕 버스 정류장은 서로의 정으로 다들 배부른 평등의 공간이 아닐 수 없다. 마침 만덕의 한자어도 만덕사지에서 따온 만덕(萬德)이라고 하니 정류장 이름과 실제 모습도 절묘하게 어울렸다. 불국토가 따로 있다고 여기지 않는다. 사람이 살 만한 곳이 곧 낙원이 아닌가 싶은 것이다.

만덕 버스 정류장에서 시인이 보여준 행위와 마음은 앞서 언급했던 박구미 이름자에 값하는 퍼포먼스다. 정작, 시인은 좋은 시를 남기고 싶다는 바람만큼 자신의 시가 그에 미치지 못함을 말하기도 하지만 나는 그렇지 않다고 생각한다. 그래도 미진한 부분이 있다면 아직 쓰지 않은 시, 오지 않은 시간에 기회를 주어도 좋을 것이다. 「만덕 버스 정류장」처럼 일상을 담아내면서도 이웃을 생각하는 방향으로 또 하나의 길을 시인이 열어갈 것이란 기대도 생긴다.

시인과 시인 아닌 사람을 어떻게 구별되냐는 질문에 열심히 또 슬기롭게 사는 사람이 시인이라는 김종삼의 대답을 존중하지만 나는 시를 쓰는 그 순간은 누구든 시인이라는 말을 하곤 한다. 여기에 두 가지를 더해야 할 것 같다. 삶을 아름답게 가꿀 줄 아는 사람, 그런 중에 시를 깊이깊이 앓는 사람이 바로 시인의 얼굴을 하고 있을 것이다. 그런 사람의 흔적과 향이 고스란히 배인 시집 『내 이름은 구미』가 이웃과 독자에게 귀한 선물로 다가가기를 빈다.

시인의 말

딸이 되고
아내가 되고
엄마가 되었어도
여전히 키 작은 나에게

시는 세상을 보는 눈과
귀를 열어 주는
키 큰 나무다.

오늘도 틈새에 핀
작은 풀꽃에 귀 기울인다.

> 2025년 이른 여름
> 박구미

내 이름은 구미

2025년 7월 11일 초판 1쇄 펴냄

지은이 _ 박구미
펴낸이 _ 양문규
펴낸곳 _ 詩와에세이

신고번호 _ 제2017-000025호
주　　소 _ (30021)세종특별자치시 조치원읍 충현로 159, 상가동 107-1호
대표전화 _ (044)863-7652
팩시밀리 _ 0505-116-7653
휴대전화 _ 010-5355-7565
전자우편 _ sie2005@naver.com
공 급 처 _ 한국출판협동조합
주문전화 _ (02)716-5616
팩시밀리 _ (031)944-8234~6

ⓒ박구미, 2025
ISBN 979-11-91914-87-0 (03810)

* 지은이와 협의하여 인지는 생략합니다.
* 이 책 내용의 전부 또는 일부를 재사용하려면 반드시 지은이와
  詩와에세이 양측의 동의를 받아야 합니다.
* 책값은 뒤표지에 표시되어 있습니다.
* 본 사업은 2025년 부산광역시, 부산문화재단 〈부산문화예술지원사업〉으로
  지원을 받았습니다.